Merveille que tu es!

NOVALIS

Directeur de la collection :
Denis Bastarache

Auteur :
Alain Brochu

Collaboratrice principale :
Aline Laforest

Auteur collaborateur :
Serge Côté

Éditrice déléguée :
Hélène Régnier

Directeur artistique et
concepteur graphique :
Robert Paquet

Illustrateur :
François Thisdale

Réviseure linguiste :
Sylvie Lucas

Dépôt légal : 4e trimestre 1998

Bibliothèque nationale du Québec

Bibliothèque nationale du Canada

ISBN 2-89088-969-6

Imprimé au Canada

© 1998

NOVALIS

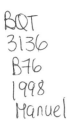

COLLECTION
EMMANUEL

Merveille que tu es!

Alain Brochu

NOVALIS

ENSEIGNEMENT MORAL ET RELIGIEUX CATHOLIQUE
MANUEL DE L'ÉLÈVE / 2e Primaire

Salut! Je m'appelle
Instantané.

Table des matières

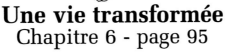

Jour de rentrée scolaire

Yen Meng, Nathaniel, Charles-Étienne et Fanny sont nouveaux à l'école Petit-Ruisseau. Ils ne se connaissent pas encore. Ils seront tous les quatre dans une classe de deuxième année. Leur enseignante s'appelle Sylvia.

Durant l'année, les quatre élèves vont découvrir de bonnes raisons de devenir amis. Ils vont prendre les moyens pour devenir de grands amis.

Rappelle-toi des moments de ta première année.

Raconte un souvenir d'enseignement religieux.

Tu viens!

La merveille des merveilles

PRÉSENTATION • ACTIVITÉ 1

Un monde à découvrir

Yen Meng est la première à parler.

Je voudrais aider les enfants malades à guérir.

Yen Meng a une maladie grave. Des infirmières et des médecins très savants la soignent. Ils ont bon cœur. Ils consolent Yen Meng quand elle a mal.

Les personnes sont capables d'apprendre…

Elles sont aussi capables de comprendre…

Les personnes peuvent entreprendre des projets… grâce à leur intelligence.

Les personnes se servent de leur intelligence de plusieurs façons. Nomme quelques-unes de ces façons.

Au tour de Charles-Étienne!

> J'aime dessiner. Plus tard, je voudrais créer des maisons, comme ma mère.

Hier, c'était l'anniversaire de la mère de Charles-Étienne. Il a fabriqué son cadeau lui-même : un grand dessin rempli d'animaux curieux.

Les personnes sont capables d'inventer des choses…

Elles peuvent créer des choses… grâce à leur imagination et à leurs talents.

Nomme des talents utilisés par les personnes.

Fanny n'a pas encore répondu à la question de Sylvia. Nathaniel non plus. Fanny et Nathaniel sont peut-être fâchés, timides ou tristes. Ils doivent pourtant avoir des choses à raconter.

D'après toi, pourquoi Fanny et Nathaniel ne parlent-ils pas à la classe? Qu'est-ce que tu pourrais faire pour les encourager à parler?

Les personnes sont capables de créer des liens entre elles.

Elles ont un cœur pour aimer et être aimées.

Les personnes ont un cœur pour comprendre et encourager.

Dire bonjour, c'est une façon de créer des liens.

Les personnes utilisent leur intelligence...

Elles se servent de leurs talents...

Elles ouvrent leur cœur...

Elles réalisent de grandes choses!

....

Décris de belles choses réalisées par des personnes.

Bravo! Tu as réussi à faire parler Nathaniel. Il a vaincu sa timidité.

J'aime les histoires de mon grand-père. Plus tard, je veux être un bon Montagnais comme lui.

Les Montagnais sont une nation amérindienne du Québec. Leur nom vient des montagnes où leurs ancêtres vivaient.

Nathaniel a raison d'aimer les histoires de son grand-papa. Elles racontent que les personnes, les animaux et la nature sont des merveilles.

Fanny ne parle toujours pas. Sylvia a une idée. Elle demande à Fanny :
— As-tu le même visage que moi?

Fanny murmure un tout petit :
— Non.

Sylvia : As-tu le même nez et les mêmes yeux que Charles-Étienne?

Fanny : Non.

Sylvia : Regarde le bout de tes doigts.

Sylvia : Vois-tu tes empreintes digitales?

Fanny : Oui.

Les empreintes digitales sont des dessins faits par de fines lignes. Ces lignes se trouvent au bout de nos doigts.

Sylvia : Personne n'a les mêmes empreintes digitales que toi.

Sylvia : Sais-tu ce que ton visage, tes empreintes et tes talents te disent?

Sylvia : Il n'y a personne d'autre comme toi sur toute la terre. Tu es unique, Fanny!

Les autres élèves applaudissent.
— Bravo, Fanny, tu es unique! Nous t'acceptons comme tu es.

Tout le monde le dit!

Les élèves de deuxième année ont découvert un monde merveilleux.
Ils chantent leurs découvertes sur tous les tons.

Une personne,
c'est bon!

Une personne,
c'est bon,
c'est beau!

Une personne,
c'est bon,
c'est beau,
c'est grand!

Une personne,

c'est bon,

c'est beau,

c'est grand,

c'est important

plus que tout au monde.

Toutes les personnes sont égales.

Elles méritent toutes le respect.

Un mot pour le dire.

Un mot à retenir.

Un mot à savourer comme un bon fruit.

Ce mot, c'est **DIGNITÉ**.

Tout le monde le dit!

 Et toi, qu'est-ce qui te fait dire : «Je suis une merveille unique et digne d'être aimée»?

Frères et sœurs, enfants de Dieu

Les chrétiens et les chrétiennes ont de bonnes raisons de dire :

«Les personnes sont des merveilles!»

La Bible raconte que Dieu a tout créé.

«Dieu a créé l'être humain à son image, à l'image de Dieu il l'a créé, homme et femme il les a créés.»
(D'après *Genèse* 1, 27)

Dieu a donné aux personnes un cœur pour aimer à la manière de Dieu.

Dieu a donné une intelligence aux personnes pour découvrir le monde et découvrir Dieu.

Dieu a donné des talents aux personnes. Elles peuvent les faire pousser comme de belles fleurs. Elles peuvent se servir de leurs talents pour aider les autres.

Dieu aime toutes
les personnes. Les personnes
ressemblent à Dieu.

Pour les chrétiens et
les chrétiennes, Dieu a crée
toutes les personnes. Ces personnes
sont les enfants de Dieu. Elles sont
comme des frères et des sœurs,
une même famille.

Être les enfants
de Dieu, c'est occuper
une place bien
spéciale dans la création.
Chacun et chacune
a un travail à faire!

Dieu a aimé son peuple

La Bible raconte que Dieu a aimé le peuple hébreu, son peuple. Il a fait de grandes choses pour lui.

**Les Hébreux disaient :
«Dieu est présent.
   Il nous a aidés.
   Il nous aide encore.»**

La Bible parle d'un prophète qui s'appelait Isaïe. Il a parlé au peuple hébreu au nom de Dieu. Il a dit :

«N'aie pas peur, je suis avec toi. Je te connais par ton nom. Tu es à moi. Tu comptes beaucoup à mes yeux. Tu as de la valeur et je t'aime. Je suis toujours avec toi. Tu retourneras à Jérusalem. Je te redonnerai tout ce que tu as perdu.»

(D'après *Isaïe* 43, 1-7)

Ce que Isaïe a dit est arrivé. Les Hébreux répétaient : «Dieu nous aime!»

Nathaniel aimerait se souvenir d'une des paroles du prophète Isaïe. Une parole qui dirait : «Dieu aime tout le monde. Tout le monde est important aux yeux de Dieu.»

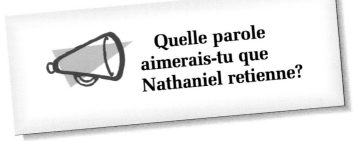

Quelle parole aimerais-tu que Nathaniel retienne?

Dieu aime tous les peuples

Voici une curieuse histoire racontée de curieuse façon.

La Bible raconte l'histoire d'un Hébreu qui s'appelait Jonas et d'une ville qui s'appelait Ninive . Les habitants de étaient méchants.

Un jour, Dieu a dit à : «Va à . Dis aux habitants qu'ils doivent arrêter d'être méchants.

ne voulait pas aller à . Il pensait : «Les gens de ne sont pas des Hébreux comme moi. De plus, ils sont méchants. Ils méritent d'être punis. a désobéi à Dieu. Il s'est enfui sur un .

Il y a eu une grosse tempête et le pauvre s'est retrouvé dans la mer.

Un gros l'a avalé. Où s'est-il retrouvé quand le poisson l'a rejeté sur un rivage? À !

a compris qu'il devait obéir à Dieu. Il a dit aux habitants : « sera détruite si vous n'arrêtez pas d'être méchants.»

Les habitants ont pensé : « a raison. Demandons pardon à son Dieu.»

Dieu a pardonné aux habitants.  n'a pas été détruite.

(D'après *Jonas* 1, 1-4, 11)

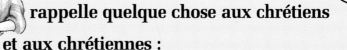

L'histoire de rappelle quelque chose aux chrétiens

et aux chrétiennes :

Toutes les personnes sont égales et dignes d'être aimées.

Dieu aime les personnes de toutes les races et

de toutes les religions.

 Les chrétiens et les chrétiennes ne sont pas les seuls à connaître le récit de Jonas. Les gens de religion juive connaissent ce récit depuis très longtemps.

Est-ce que Dieu aime aussi les petites filles timides?

Merci, Dieu, pour tes merveilles

Il y a très longtemps, une personne de religion juive a dit :

«C'est toi qui m'as formé, mon Dieu.

Tu me connais depuis que je suis dans le ventre de ma mère.

Je te remercie, mon Dieu, pour tant de merveilles, pour la merveille que je suis, pour les merveilles de ta création.»

(D'après *Psaumes* 139, 13-14)

Les chrétiennes et les chrétiens redisent ces paroles dans leurs prières. Ils ouvrent leur cœur à Dieu. Ils savent qu'il les écoute comme un Père.
Ils sont fiers de dire à Dieu : «Tous les humains sont importants à tes yeux.»

Prier, c'est un peu comme parler au téléphone. Nous ne voyons pas la personne, mais nous savons qu'elle nous écoute.

Imagine que tu te promènes dans un parc.

Les chrétiens et les chrétiennes croient que les personnes sont des merveilles uniques. Penses-tu la même chose qu'eux?

Si oui, qu'est-ce que tu aimerais dire à Dieu?

Aurais-tu un secret à lui confier? Raconte! Si tu as le goût, invente un merci.

Mes trouvailles

Toutes les personnes sont égales et dignes d'être aimées.

Moi aussi, je suis une merveille unique et digne d'être aimée.

Les personnes :

- ont une intelligence;
- ont de l'imagination et des talents;
- ont un cœur pour aimer.

Les chrétiens et les chrétiennes disent :

- Dieu a créé les personnes à son image.
- Dieu aime toutes les personnes comme un Père. Elles sont comme les frères et les sœurs d'une grande famille.

- Un prophète nommé Isaïe a parlé au peuple hébreu.
- Jonas s'est rendu à Ninive malgré lui.

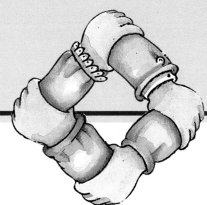

Des liens tissés serrés

PRÉSENTATION • ACTIVITÉ 1

Drôle de soirée!

Soudain… Une panne d'électricité.

Youpi! Congé de devoir!

Le courant va sûrement revenir bientôt.

Le rôti n'est pas cuit; les pommes de terre non plus.

Plus tard…

C'est l'heure de dormir.

5 Pas d'électricité, pas de chauffage.

7 Je n'aime pas le noir.

Tu n'es pas toute seule. Ton père et moi, nous sommes là. Nous veillons sur toi.

Encore plus tard… Pas d'électricité, pas d'eau chaude.

6 L'eau est froide.

Les parents de Fanny n'ont pas peur. Des gens réparent la panne d'électricité. C'est bon de savoir que des personnes veillent sur nous.

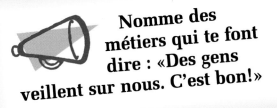

Nomme des métiers qui te font dire : «Des gens veillent sur nous. C'est bon!»

Chapitre 2 • 29

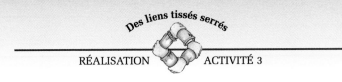
Seule au monde!

La maman de Fanny lui a dit :
«Tu n'es pas toute seule.»

Cette parole aurait dû rassurer Fanny. Pourtant, elle s'endort et fait un cauchemar.

3 Ce n'est pas la maison de mon ami Jérôme.

4 Ce n'est pas ma rue.

5 Je suis toute seule!

6 Heureusement, le soleil se lève. Une nouvelle journée commence.

J'ai fait un mauvais rêve.

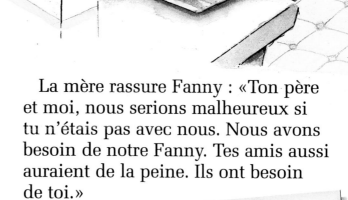

La mère rassure Fanny : «Ton père et moi, nous serions malheureux si tu n'étais pas avec nous. Nous avons besoin de notre Fanny. Tes amis aussi auraient de la peine. Ils ont besoin de toi.»

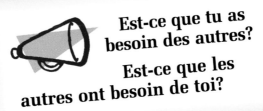

Est-ce que tu as besoin des autres?

Est-ce que les autres ont besoin de toi?

La ronde du pain

Fanny a pris son petit déjeuner avec ses parents. Elle a mangé des tartines grillées.

 Lis le poème qui suit. Regarde les illustrations. Découvre des personnes qui amènent le pain dans ton assiette.

Pour acheter du pain
On fait pousser le blé
Il faut d'abord semer avant de récolter
C'est la chaîne du travail
C'est la ronde des métiers
Pour répondre aux besoins
De tous les êtres humains

On se donne la main
On délivre le pain
Tranché et emballé
Dans les supermarchés

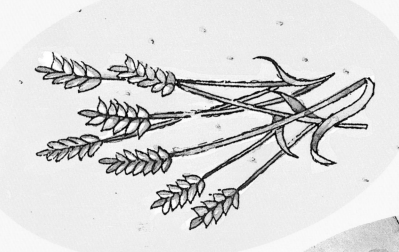

Sans ma main, sans ta main
Sans la ronde des métiers
Aucun pain, aucun bien
Pour répondre aux besoins!

(Diane-Andrée Bouchard)

Les personnes qui amènent le pain jusque dans ton assiette dépendent les unes des autres. Quand tu manges le pain, tu es solidaire de toutes ces personnes.

Des personnes solidaires tissent des liens serrés entre elles. Elles ont plaisir à être ensemble. C'est comme cela partout.

Invente un merci aux hommes et aux femmes qui amènent le pain jusque dans ton assiette.

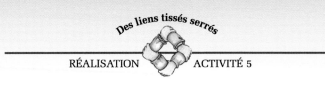

Une question importante

Est-ce que c'est bon pour les personnes de vivre ensemble?

OUI! OUI! OUI!

Dans un élan de joie, Fanny s'écrie : «C'est bon de vivre ensemble parce que…»

 Qu'est-ce que Fanny raconte aux autres élèves? Regarde les illustrations. Raconte dans tes mots ce que tu vois.

 Qu'est-ce que les élèves peuvent faire pour tisser des liens entre eux?

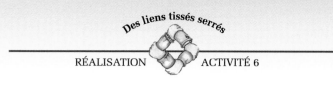
De l'amitié plein les yeux et les oreilles

L'amitié, c'est bon à voir, à entendre, à sentir, à toucher, à goûter.

L'amitié, c'est bon à recevoir et à donner.

L'amitié, c'est bon pour tout le monde, partout sur la terre.

Quels sont tes moments préférés avec les personnes que tu aimes?

Murmure le nom ou le surnom d'une personne à qui tu pourrais dire : «J'ai envie d'être avec toi.»

Comment te sens-tu au-dedans de toi quand tu murmures le nom de cette personne?

Qu'est-ce que tu souhaites de plus beau à cette personne?

Des soupirs dans la voix

Une fois, Fanny a eu une panne d'amitié. C'était comme une panne d'électricité : le courant ne passait plus entre Fanny et Jérôme.

Invente une fin à l'histoire de la panne d'amitié entre Fanny et Jérôme.

As-tu déjà vécu une panne d'amitié?

Qu'est-ce qui s'était passé?

Comment ta panne d'amitié s'est-elle terminée?

L'amitié, c'est bon

L'amitié tisse des liens serrés entre les personnes.
Il y a très longtemps, Sirac, un juif très sage, a parlé de l'amitié. Il a dit :

«Un ami **fidèle** est un puissant soutien : qui l'a trouvé a trouvé un trésor.

Mon ami est fidèle. Il ne m'abandonne pas quand ça va mal.

«Un ami fidèle n'a **pas de prix**, on ne saurait en estimer la valeur.

Un ami est plus important que tout!

«Un ami fidèle est un **baume** de vie…» (*Sirac* 6, 14-16)

Un baume, c'est une crème qui calme la douleur.

Nomme des personnes qui sont comme des trésors pour toi.

Pour les chrétiens et les chrétiennes, Dieu aime toutes les personnes. Il aime aussi celles qui n'ont pas d'amis.

Redis dans tes mots les paroles de Sirac.

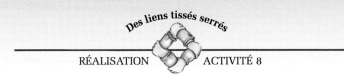

Regarder plus loin que le bout de son nez

Jésus aussi a dit que l'amitié, c'était bon. Il a invité les personnes à regarder plus loin que le bout de leur nez.

Pour les chrétiennes et les chrétiens, l'invitation de Jésus est importante. Ils essaient de mettre leur cœur et leurs talents au service des personnes dans le besoin.

Un jour, Jésus a dit : **«Les personnes qui entreront dans mon Royaume seront celles...**

qui m'ont donné à boire lorsque j'avais soif;

qui m'ont donné à manger lorsque j'avais faim;

qui m'ont accueilli lorsque j'étais étranger;

qui m'ont vêtu lorsque j'étais nu;

qui m'ont visité lorsque j'étais malade ou en prison.

Jésus a continué son histoire.

Alors les personnes demanderont : «Quand avons-nous fait cela pour toi?»

Je répondrai à ces personnes : «Chaque fois que vous avez aidé quelqu'un, c'est moi que vous avez aidé.»

(D'après *Matthieu* 25, 36-41)

Regarde autour de toi : dans ta famille, ta classe, ton milieu.

Rappelle-toi : tu as un cœur, de l'imagination et des talents pour donner et recevoir de l'amour.

Jésus a dit : «Dieu s'occupe de chacun et de chacune de nous. Il s'intéresse aux plus petits.»

Quels sont les besoins des personnes autour de toi?

Crois-tu que Jésus t'invite à tisser des liens avec ces personnes?

Si oui, qu'est-ce que tu pourrais faire?

Regarder plus loin, encore plus loin

Dans la Bible, on peut lire cette phrase :

«Il n'est pas bon que l'être humain soit seul.»

(D'après *Genèse* 2, 18)

La Bible raconte que Dieu a créé les hommes et les femmes. Il voulait qu'ils vivent heureux ensemble.

Ce texte de la Bible invite les chrétiens et les chrétiennes à tisser des liens avec toutes les personnes de la terre.

La Bible dit que Dieu a créé à son image les personnes de toutes les races. Il est leur Père; les personnes sont ses enfants. Elles sont toutes dignes d'être aimées et respectées. Dieu souhaite que toutes les personnes soient solidaires. Il les invite à partager leurs richesses et leurs talents.

Jésus a dit : «Notre Père.»

Jésus désire que toutes les personnes soient heureuses.

Coin de la solidarité

Les élèves de l'école Petit-Ruisseau ont préparé une exposition.
Ils sont attentifs aux besoins des personnes d'ici et d'ailleurs.

Il y a plusieurs façons de tisser des liens avec les personnes d'autres pays.

Développement et Paix

Nous creusons des puits dans des pays où l'eau est rare.

Mond'Ami

Pour apprendre à aimer ses frères et sœurs de partout.

Bonjour aux nouveaux arrivants.

Nomme des façons d'être attentif ou attentive aux besoins des autres.

Mes trouvailles

L'amitié, c'est bon à recevoir.
L'amitié, c'est bon à donner.

Les personnes de toute la planète :

- ont besoin les unes des autres;

- sont solidaires les unes des autres;

- ont besoin d'aimer et d'être aimées.

C'est bon de vivre ensemble.

Jésus a invité les personnes à être attentives aux besoins des autres. Les chrétiens et les chrétiennes essaient de répondre le mieux possible à cette invitation.

On peut de tisser des liens serrés avec les autres, même s'ils habitent au bout du monde!

Je passe de bons moments avec des personnes que j'aime.

Je souhaite plein de belles choses à mes amis et à mes amies.

Je peux tisser des liens avec les personnes qui m'entourent.

La fête des bergers

PRÉSENTATION • ACTIVITÉ 1

Une bonne nouvelle à fêter ensemble

Les élèves de deuxième année décorent la classe pour la fête de Noël.

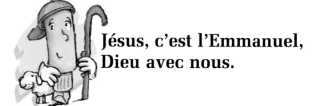

Sylvia est contente des réponses de ses élèves. Noël, c'est un moment où beaucoup de personnes sont heureuses de vivre ensemble. Noël est une fête spéciale pour les chrétiennes et les chrétiens. Ils fêtent la naissance de Jésus.

Jésus, c'est l'Emmanuel, Dieu avec nous.

Sylvia dit : «Je vais vous raconter la naissance de Jésus. Ce sera comme si un berger qui a assisté à cet événement vous le racontait.»

Qu'est-ce que tu sais de la naissance de Jésus? Nomme les principaux personnages de cet événement.

Sylvia demande aux élèves de s'asseoir et de garder le silence. Elle leur suggère de fermer les yeux.

C'était la nuit. Nous, les bergers, nous gardions les moutons dans la plaine. Au loin, la ville de Bethléem dormait. Soudain, une lumière étrange nous a enveloppés. Nous étions effrayés!

Un ange nous a rassurés : «**Soyez sans crainte!**»

Un ange, c'est un messager de Dieu.

L'ange nous a annoncé une bonne nouvelle : «**Un Sauveur vous est né aujourd'hui**.»

Un jeune berger s'est écrié : «Quelqu'un va nous aider? Nous sommes de pauvres gens. Des fois, nous sommes obligés de voler pour nourrir nos familles.»

Un autre berger a dit : «Ça fait longtemps que nous espérons que quelqu'un s'intéresse à nous.

Espérer, c'est souhaiter très fort.

Alors, l'ange a dit aux bergers : «Vous trouverez un bébé couché dans une crèche. C'est lui, votre Sauveur. **Gloire à Dieu!**»

Nous sommes donc allés à Bethléem. Nous avons trouvé le petit bébé. Marie et Joseph, ses parents, veillaient sur lui.

Nous pensions :
«**Dieu nous a envoyé un Sauveur.
Il nous aime.**» Voilà la bonne nouvelle.
Dieu sait que nous avons bon cœur
même si bien des gens nous détestent.

Nous sentions une douce chaleur
dans notre cœur. Ensuite, nous avons
annoncé la bonne nouvelle à nos
parents, à nos amis. Nous voulions
que la bonne nouvelle se répande
partout.

Nous avons remercié Dieu de nous
avoir annoncé la bonne nouvelle à
nous, en premier.

(Diane-Andrée Bouchard, d'après *Luc* 2, 1-20)

**Raconte dans tes mots
la naissance de Jésus,
le Sauveur.**

Les élèves ont bien écouté l'histoire.
Ils restent silencieux pendant quelques
instants. Sylvia leur demande ensuite :
«Avez-vous des questions?»

 **Essaie de trouver la réponse à la question des élèves.**
Voici quelques pistes.

Un sauveur, c'est comme…

Un Sauveur est né : une bonne nouvelle à partager

Un Sauveur vous est né.

C'est une bonne nouvelle pour tout le monde.

Cette bonne nouvelle fait du bien aux personnes qui vivent des situations difficiles.

Pour les chrétiens et les chrétiennes, toutes les personnes sont des merveilles, uniques et dignes. Elles méritent donc d'être accueillies, aimées et sauvées comme Jésus l'a fait. Par leurs gestes, les chrétiens et les chrétiennes répandent la bonne nouvelle partout.

 Regarde les illustrations. Qu'est-ce qui te fait dire que les chrétiennes et les chrétiens sont accueillants?

Qu'est-ce que les chrétiens et les chrétiennes peuvent faire pour aider...

des personnes qui sont rejetées par les autres?

des personnes seules?

des personnes qui n'ont rien à manger?

des personnes qui vivent dans des pays en guerre?

Est-ce qu'il t'est déjà arrivé, à toi aussi, d'avoir besoin d'un Sauveur?

Connais-tu des personnes qui ont besoin d'un Sauveur...

près de toi?

Nomme ces personnes.

un peu plus loin?

et même très loin de toi?

C'est bon de parler à Dieu, de prier

Noël est une occasion de prier pour les chrétiennes et les chrétiens.
Ils disent à Dieu : «Nous sommes contents que
Jésus soit notre Sauveur.

Les chrétiennes et les chrétiens se réunissent pour célébrer et prier.
Ils redisent les paroles de l'ange qui a parlé aux bergers :

«Gloire à Dieu
au plus haut des cieux.
Paix sur la terre
aux hommes et aux femmes
que Dieu aime.»

Est-ce que la fête de Noël t'invite à prier?

Si oui, qu'est-ce que tu aimerais raconter à Dieu?

De quoi aimerais-tu le remercier?

Qu'est-ce que tu voudrais lui demander?

Mes trouvailles

Des personnes ont besoin de l'aide d'un Sauveur. Je connais...

La naissance de Jésus a été une bonne nouvelle pour les bergers. Jésus était leur Sauveur.

Les chrétiens et les chrétiennes redisent les paroles de l'ange aux bergers : «Gloire à Dieu!»

Pour les chrétiens et les chrétiennes, la naissance de Jésus est une bonne nouvelle pour tout le monde! Ils annoncent cette bonne nouvelle : Jésus est encore et toujours un Sauveur.

Tout est bien qui finit bien

PRÉSENTATION • ACTIVITÉ 1

Une aventure malheureuse

Charles-Étienne a vécu une aventure bien triste. Cette aventure aurait pu t'arriver à toi aussi. Elle aurait pu arriver à un ami ou à une amie.

Lis la bande dessinée ci-dessous. Elle te raconte la malheureuse aventure de Charles-Étienne.

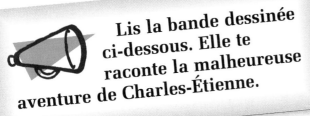

Raconte une aventure semblable à celle de Charles-Étienne qui te serait arrivée.

Plus tard, en classe…

Sylvia félicite Fanny, Nathaniel et Yen Meng. Ils ont vu que Charles-Étienne s'était fait mal. Ils ont réfléchi vite. Yen Meng a eu la bonne idée d'aller chercher la surveillante.

Charles-Étienne est à la maison. Il a un bras cassé. Sylvia invite les élèves à écrire un poème pour Charles-Étienne. Elle leur propose d'utiliser quatre mots qu'ils connaissent bien :

◆ **merveille**;

◆ **unique**;

◆ **important**;

◆ **digne**.

> Est-ce que les mots proposés par Sylvia te rappellent quelque chose?
>
> Oui? Dis ce que ces mots te rappellent.
>
> Non? Relis la chanson intitulée *Tout le monde le dit!* aux pages 16 et 17 de ton manuel.

Les élèves de deuxième année ont envoyé leur poème à Charles-Étienne.

Tu es une merveille, veille, veille.

Tu es unique, nique, nique.

Tu es important, tant, tant.

Tu es digne, digne, digne

d'être aimé, mé, mé.

Nous t'aimons fort, fort, fort!

Tes amis, mis, mies

Charles-Étienne est content : les élèves de la classe pensent à lui.

 Est-ce qu'il t'est déjà arrivé une aventure malheureuse?

Par exemple :

- **As-tu déjà fait rire de toi?**
- **Est-ce que quelqu'un t'a déjà dit : «On ne veut pas de toi. Tu n'es pas comme nous»?**

Qu'est-ce qui s'était passé?

Une histoire de différence

Je suis petite, tu es grand.
Je cours plus vite que toi.
Tu sautes plus haut que moi.
Nous sommes différents.

L'histoire de Léo et de Léa

Léo aime regarder la télévision. Sa sœur, Léa, veut toujours s'amuser. Léo et Léa sont uniques et différents.

Un matin, Léo regardait son dessin animé favori. Léa voulait que Léo joue avec elle. Elle a éteint le téléviseur.

Une dispute a éclaté. Leur papa a dit : «Allez dans vos chambres! Vous agissez comme chiens et chats.»

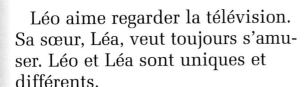

Qu'est-ce que leur père a voulu dire?

Invente une histoire dont les deux personnages sont différents l'un de l'autre.

Jésus accueillait
les personnes différentes

Du temps de Jésus, c'était comme maintenant. Les différences entre les personnes créaient souvent des disputes, des conflits et même des guerres.

L'histoire du soldat romain

 **Le pays des Juifs était dirigé par les Romains. Les Juifs n'étaient plus les chefs de leur pays. Beaucoup de Juifs détestaient les Romains.**

Un jour, un soldat romain

est venu voir Jésus

et  ses amis.

« Allons-nous-en!

Nous ne parlons pas aux Romains.»

Jésus n'a pas bougé. Il a parlé avec le soldat romain.

 — J'ai une faveur
à te demander.

— Parle, je t'écoute!

 — Mon enfant est malade. Je suis sûr que tu peux le guérir.

 — Allons voir ton enfant!

 — Nous n'entrerons pas avec lui dans la maison d'un Romain!

 — Ce n'est pas nécessaire de venir chez moi. Dis seulement une parole et mon fils sera guéri.

Jésus a dit à ses 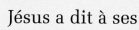 :

«Je n'ai jamais rencontré une personne avec une si grande confiance.»

Ensuite, Jésus a dit au :

«Retourne chez toi. Ton fils est guéri.»

Le soldat est reparti tout joyeux.

L'histoire de la Samaritaine

Jésus marchait avec ses amis. Il s'est arrêté près d'un puits, dans une ville de Samarie. Jésus a envoyé ses amis chercher de la nourriture.

Une Samaritaine est venue au puits. Jésus lui a demandé à boire.

La femme était surprise : «Toi, un Juif, tu me parles à moi, une Samaritaine!»

Quand les Juifs voyaient les Samaritains, ils détournaient la tête. Ils se disaient : «Les Samaritains ne sont pas comme nous. Ne leur parlons pas!»

La Samaritaine avait une autre raison d'être surprise. Les hommes ne devaient jamais parler à une femme en public.

Jésus a dit à la Samaritaine : «Retiens bien ceci : l'amour de Dieu est comme une eau vive.»

Une eau vive, c'est comme les paroles de Jésus à la Samaritaine.

La Samaritaine était contente d'avoir rencontré Jésus. Elle a parlé de cette rencontre à tout le monde.

Jésus était Juif. Le soldat était Romain. La femme était Samaritaine. Tous les trois étaient différents.

Pour Jésus, le soldat et la Samaritaine étaient avant tout des personnes dignes d'être aimées.

Tu as lu l'histoire du soldat romain et celle de la Samaritaine.

Dans ces deux histoires, qu'est-ce qui te fait dire que :

- **Jésus n'agissait pas comme les Juifs de son temps.**
- **Jésus accueillait les personnes différentes.**

Comment faire?

Les façons d'agir de Jésus invitent les chrétiennes et
les chrétiens à accueillir toutes les personnes. Parfois, les chrétiens et
les chrétiennes ne savent pas comment faire.

La règle d'or

Jésus a enseigné une règle
aussi précieuse que de l'or,
aussi précieuse qu'un trésor :
c'est la règle d'or.

Cette règle est comme…

- un **conseil** qui aide à prendre de bonnes décisions;
- une **habitude** qui aide à bien s'entendre avec les autres;
- un **secret** qui se crie sur les toits;
- une **formule** presque magique.

Voici la règle d'or de Jésus :

> **« Tout ce que vous voulez que les autres fassent pour vous, faites-le vous-mêmes pour les autres. »**
>
> (D'après *Matthieu* 7, 12)

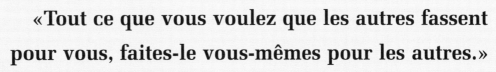

Imagine que Jésus te confie sa règle d'or à l'oreille. Il te dit : « Tout ce que tu veux que les autres fassent pour toi, fais-le toi-même pour les autres. »

Qu'est-ce que tu répondrais à Jésus? Donne-lui un exemple où tu mettrais sa règle d'or en pratique.

Bouddha, Confucius et d'autres sages ont enseigné eux aussi cette règle d'or. Leurs amis essaient encore aujourd'hui d'écouter la tendresse et la bonté de leur cœur.

Confucius, un sage chinois.

Le Bouddha, un prince népalais, a enseigné en Inde.

Le bon Samaritain

Un jour, Jésus a raconté une histoire.

Un homme marchait dans un sentier. Tout à coup, des voleurs l'ont attaqué. Ils l'ont frappé. Ils lui ont volé tout ce qu'il avait. Ils ont laissé l'homme à moitié mort sur le bord du sentier.

Un prêtre est passé. Il a fait semblant de ne pas voir l'homme.

Un lévite est passé. Il n'a pas aidé l'homme blessé, lui non plus.

Un lévite, c'était un homme qui travaillait dans le Temple. Le Temple était le plus important lieu de prière des juifs.

Un Samaritain est arrivé sur son âne.
Il a vu le blessé. Il a eu pitié de lui.

**Avoir pitié, c'est écouter
la tendresse et la bonté de
son cœur.**

Le Samaritain a soigné l'homme
blessé. Ensuite, il l'a installé sur son
âne et l'a conduit à une auberge.

Le lendemain, le Samaritain a donné
de l'argent à l'aubergiste. Il lui a dit :
«Continue de prendre soin de
l'homme blessé.»

**Imagine une situation
où tu pourrais agir
comme le bon
Samaritain.**

Nathaniel, Fanny et la règle d'or

Qu'est-ce qui se passe?

C'est le jour de la première rencontre de l'équipe de gymnastique.

Fanny entre dans le gymnase.
Elle reste près de la porte. Elle est
trop timide pour parler aux autres.

Nathaniel s'amuse avec ses amis.
Il voit Fanny.

Nathaniel entend ses amis qui se
moquent de Fanny.

Qu'est-ce que je peux faire?

Nathaniel se dit :
«**Qu'est-ce que je peux faire?**» Il pense :

Je peux saluer Fanny et continuer de m'amuser avec mes amis.

Je peux faire comme si je n'avais pas vu Fanny.

Nathaniel a entendu parler de la règle d'or.

«Tout ce que vous voulez que les autres fassent pour vous, faites-le vous-mêmes pour les autres.»

(D'après *Matthieu* 7, 12)

Nathaniel pense : «Si j'étais à la place de Fanny…»

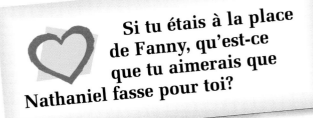

Si tu étais à la place de Fanny, qu'est-ce que tu aimerais que Nathaniel fasse pour toi?

«Qu'est-ce qui arrivera si...?»

Nathaniel réfléchit :
«Qu'est-ce qui arrivera si...?»

Fanny restera toute seule.

Je ne serai pas content de moi. Fanny sera triste.

Qu'est-ce que tu ferais si tu étais à la place de Nathaniel?

Qu'est-ce que je décide de faire?

Nathaniel prend une décision.

Nathaniel se dit : «**Qu'est-ce que je décide de faire?**»

Bonjour!
Tu veux jouer
avec nous?

Fanny est heureuse. Nathaniel aussi. Pour Fanny, l'invitation de Nathaniel ressemble à un poème.

Tu es une merveille, veille, veille.

Tu es unique, nique, nique.

Tu es digne, digne, digne

d'être aimée, mée, mée.

Je t'aime fort, fort, fort!

Des histoires à terminer

Voici trois histoires. Elles ne sont pas terminées.

Une histoire de bébé

Une histoire de casquette

Tu es dans le salon.

Tu lis une bande dessinée.

Ton petit frère pleure.

Il a laissé tomber son jouet.

Ta maman te demande de redonner le jouet à ton frère.

Karla a une belle casquette.

Marco lui enlève sa casquette.

Karla lui dit :
«Rends-moi ma casquette!»

Marco refuse.

Une histoire de difficultés

Les élèves font un travail de français.

Ton voisin se gratte la tête.

Il ne sait pas quoi répondre.

Il a les larmes aux yeux.

Choisis une des trois histoires.
Invente une fin. Demande-toi :

▶ **1 - Qu'est-ce qui se passe?**

▶ **2 - Qu'est-ce que je peux faire?**

▶ **3 - Qu'est-ce qui arrivera si...?**

▶ **4 - Qu'est-ce que je décide de faire?**

Rappelle-toi la règle d'or!

Toutes les personnes sont dignes d'être aimées.

Raconte ton histoire à un ami ou à une amie.

Tu peux recommencer avec une autre histoire.

Mes trouvailles

1 - Qu'est-ce qui se passe?

2 - Qu'est-ce que je peux faire?

3 - Qu'est-ce qui arrivera si...?

4 - Qu'est-ce que je décide de faire?

Les questions à se poser quand il faut décider quelque chose.

Bouddha, Confucius et d'autres sages ont enseigné eux aussi la règle d'or. Leurs amis essaient encore aujourd'hui d'écouter la tendresse et la bonté de leur cœur.

Jésus a enseigné la règle d'or.

Les chrétiens et les chrétiennes essaient d'écouter la tendresse et la bonté de leur cœur.

La pluie et le beau temps

PRÉSENTATION • ACTIVITÉ 1

Un beau ciel bleu

Lundi matin...

Les élèves de deuxième année ont fabriqué des bracelets pour une fête de l'amitié. Nathaniel est fier de son bracelet. Il a peint des pâtes.
Il les a enfilées sur un ruban.

C'est le moment de l'échange des bracelets.

Merci!

Des nuages à l'horizon

Lundi midi…

Les élèves prennent un repas de l'amitié.

J'ai encore faim.

Tu n'es pas gentille!

Yen Meng enlève le bracelet que Nathaniel lui a offert. Le ruban se déchire.

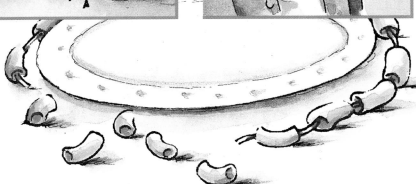

L'orage éclate

Tu n'es plus mon amie!

Qu'est-ce qui se passe?

Raconte dans tes mots ce qui s'est passé entre Nathaniel et Yen Meng.

De la pluie dans le cœur

Lundi soir…

Nathaniel raconte ce qui s'est passé à ses parents.

Plus tard…

Penses-tu que tu pourrais pardonner à Yen Meng?

La maman dit à Nathaniel : «Je crois que ce serait dommage si tu ne pardonnais pas à Yen Meng. Mais, tu sais, décider de pardonner, ça prend du temps parfois. Ce n'est pas facile d'oublier ce qui s'est passé. Des fois, c'est impossible. Dors. La nuit porte conseil.»

Pour mieux comprendre Nathaniel...
• As-tu déjà eu une dispute avec quelqu'un?
• Comment te sentais-tu?

Une nuit sans étoiles

La nuit de lundi à mardi...

Nathaniel s'est endormi. La nuit lui donne un drôle de conseil.

Temps gris et froid

Mardi matin…

Annonce d'un temps plus chaud

Plus tard, en classe, Sylvia demande aux élèves : «Est-ce que c'est bon pour les êtres humains de vivre ensemble?»

Qu'est-ce que tu répondrais à la question de Sylvia?

Sylvia dit ensuite : «L'amitié, c'est comme le courant électrique. Parfois, il y a des pannes. Est-ce que vous connaissez un bon moyen de réparer une panne d'amitié?»

Un truc pour t'aider : retourne à la page 36 de ton manuel.

Demander pardon?

Pardonner?

Sylvia : «Vous avez raison. Pardonner, ça fait du bien aux amis qui se sont disputés.»

Sylvia raconte des moments de la vie de Jésus.

Pardonner? Toujours!

La Bible parle de l'Esprit. Il a donné de bonnes idées à Jésus.

Pierre, un ami de Jésus, se fâchait souvent. Il avait de la difficulté à pardonner. Pierre a demandé à Jésus : «Combien de fois je dois pardonner à quelqu'un? Sept fois, est-ce que c'est assez?»

Jésus lui a répondu : «Pas seulement sept fois, mais soixante-dix fois sept fois.»

(D'après *Matthieu* 18, 21-22)

Pierre a compris que cela voulait dire toujours.

La panne d'amitié de Pierre

Un jour, Jésus a dit à ses amis : «Des soldats vont m'arrêter. Vous aurez peur et vous me laisserez tout seul.»

Pierre a dit : «Je resterai toujours avec toi.»

Plus tard, des soldats ont arrêté Jésus. Ses amis se sont sauvés.

Pierre s'est rendu près de la maison où Jésus était prisonnier. Une femme a dit à Pierre : «Tu es un ami de Jésus.»

Pierre a répété trois fois : «Je ne connais pas Jésus. Il n'est pas mon ami.»

Pierre est parti en pleurant. Il avait renié son ami Jésus.

(D'après *Matthieu* 26, 30-35; 47-75)

Renier, cela veut dire manquer à sa parole, trahir.

Les pardons de Jésus

L'Esprit aide à parler à Dieu.

Jésus a été condamné à mourir sur une croix. Juste avant de mourir, Jésus a dit : «Père, pardonne aux gens qui me font mourir. Ils ne savent pas ce qu'ils font.» (D'après *Luc* 23, 33-34)

Jésus est mort et il est ressuscité. Il a rendu visite à ses amis. Jésus a demandé à Pierre : «Est-ce que tu m'aimes?»

Pierre a répondu : «Tu sais que je t'aime.»

Jésus avait déjà pardonné à Pierre de l'avoir trahi.

(D'après *Jean* 21, 1-18)

Raconte à ta façon un moment où Jésus a pardonné.

Dis dans tes mots ce que Jésus a enseigné au sujet du pardon.

L'Esprit saint : une force pour aimer

Les chrétiennes et les chrétiens vivent parfois des situations difficiles. Ils disent à Dieu : «Nous sommes fâchés. Nous avons de la peine. Nous avons envie de nous venger. C'est difficile de pardonner.»

Pour les chrétiens et les chrétiennes, l'Esprit donne de bonnes idées pour suivre les conseils de Jésus.

Pour les chrétiens et les chrétiennes, l'Esprit saint, c'est Dieu encore plus avec nous.

Les chrétiens et les chrétiennes regardent autour d'eux

Ils voient des geste de pardon. Ils entendent des paroles de pardon.

Ces gestes et ces paroles font dire aux chrétiens et aux chrétiennes :

L'Esprit a donné de bonnes idées à Jésus. L'Esprit donne de bonnes idées pour agir comme Jésus.

Les chrétiens et les chrétiennes prient

L'Esprit souffle à l'oreille

Des idées de pardon

Il inspire de bonnes paroles

De bons gestes

Pour aimer et pardonner

Comme Jésus

 **Inspirer, cela veut dire donner de bonnes idées.**

Les chrétiens et les chrétiennes redisent les mots du *Notre Père* :

«Pardonne-nous nos offenses, comme nous pardonnons à ceux qui nous ont offensés.»

 **Offenser quelqu'un, c'est lui faire de la peine.**

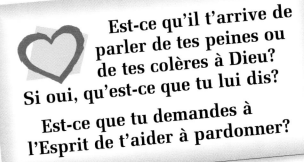
Est-ce qu'il t'arrive de parler de tes peines ou de tes colères à Dieu? Si oui, qu'est-ce que tu lui dis?

Est-ce que tu demandes à l'Esprit de t'aider à pardonner?

De belles éclaircies en vue

Mercredi après-midi...

Jeudi soir…

Nathaniel réfléchit. Il se dit :

La vengeance détruit l'amitié. Une amitié brisée, c'est triste.

L'amitié, c'est bon et c'est joyeux.

La règle d'or de Jésus disait : …

Pardonner toujours? C'est difficile.

L'Esprit peut m'aider.

Qu'est-ce qui arrivera?

- **Imagine que tu es à la place de Nathaniel.**
- **Imagine que tu es à la place de Yen Meng.**

Selon toi, qu'est-ce que Nathaniel va décider?

Des trous dans les nuages

Vendredi matin...

Nathaniel a bien réfléchi. Il a pris une décision.

Yen Meng,

veux-tu venir jouer

chez moi, samedi?

Nathaniel

Le beau temps revient

Le samedi matin…

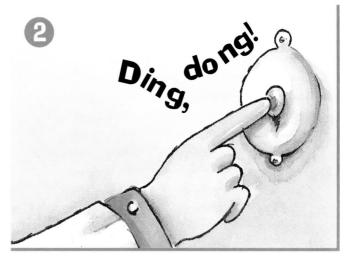

1

Je t'ai apporté quelque chose.

2

3

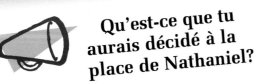
Qu'est-ce que tu aurais décidé à la place de Nathaniel?

Qu'est-ce que tu penses du geste de Yen Meng?

Qu'est-ce qui te fait dire : «Le pardon, c'est bon à recevoir. Le pardon, c'est bon à donner»?

4

Un jour...

Sylvia lit un récit qui raconte ce que Jésus confie à Pierre :
«Pierre, je veux que tu deviennes le chef de tous mes amis.»

(D'àprès *Matthieu* 16, 13-20)

Nathaniel et Yen Meng comprennent maintenant mieux ce que veut dire
«être des amis». Un poème résonne dans leur cœur...

Je suis petite, tu es grand.
Je cours plus vite que toi.
Tu sautes plus haut que moi.
Nous sommes différents.

Je suis Noir, tu es Blanc.
Je chante mieux que toi.
Tu dessines mieux que moi.
Nous sommes différents.

Parfois, des nuages
passent sur notre amitié.
Il y a même des orages,
mais c'est bon de se pardonner.

Je te donne la main,
tu me donnes la main.
Un jour,
tous les enfants du monde
se donneront la main.

Un jour,
ils formeront une ronde.
Un jour ou un soir,
le cœur rempli d'espoir,
les enfants du monde
chanteront la paix.

Mes trouvailles

Les personnes réagissent de façons différentes dans une même situation.

Jésus a pardonné. Il a invité à pardonner.

Vengeance ou pardon, que faire?

C'est difficile de pardonner à quelqu'un qui nous a fait de la peine.

Le pardon, c'est bon à recevoir et à donner.

Une vie transformée

PRÉSENTATION • ACTIVITÉ 1

Grand-père est mort

Le soir, dans sa chambre, Yen Meng se sent bien seule. Elle aimait beaucoup son grand-père.

Yen Meng regarde une photo qui lui rappelle un beau souvenir. Un jour de printemps, son grand-père lui a dit : «Rappelle-toi : la vie se transforme; elle est plus forte que la mort.»

Ensuite, son grand-père lui a caressé les cheveux. L'espérance remplit le cœur de Yen Meng.

L'espérance, c'est comme le souvenir d'une caresse.

Grand-père, on dirait que tu es encore près de moi.

Pense à la nature qui revit au printemps. Trouve des situations qui pourraient te faire dire : «La vie se transforme. Elle est plus forte que la mort.»

Une lumière qui scintille

Le lendemain, en classe…

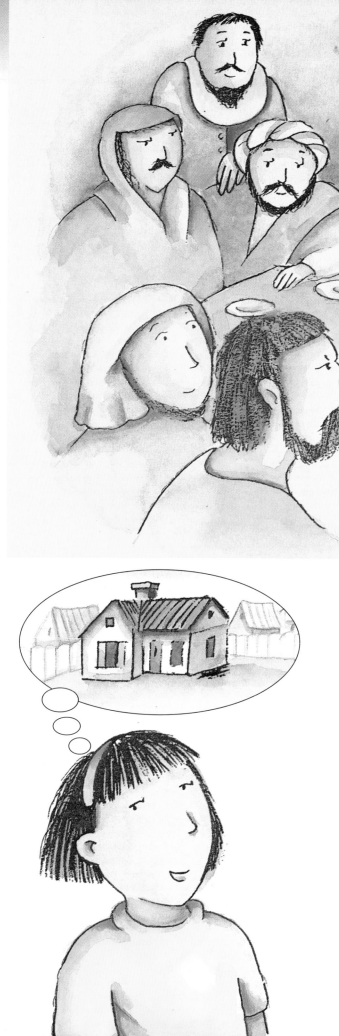

Sylvia dit : «Perdre quelqu'un qu'on aime, c'est triste. Mais, le temps passe et on a moins mal peu à peu.»

Le temps, ce sont les jours, les semaines, les mois et les années. Il n'y a pas très longtemps encore, tu comptais le temps en nombre de dodos.

Yen Meng demande : «Mon grand-père, où est-il maintenant?»

Sylvia se souvient de ce que croient les chrétiens et les chrétiennes à propos de la mort et de la résurrection.

Sylvia répond : «Ton grand-père est sûrement avec Dieu. Mais personne ne sait comment c'est. Pour répondre à cette question, les chrétiennes et les chrétiens se rappellent deux promesses que Jésus a faites.»

Sylvia rappelle deux promesses que Jésus a faites.

Jésus a annoncé à ses amis qu'il allait mourir. Ses amis avaient de la peine. Jésus leur a dit :

«Ne soyez pas tristes. Je retourne dans la maison de mon Père. Je vous préparerai une place. Je vous promets de revenir et de vous prendre avec moi.»

(D'après *Jean* 14, 1-3)

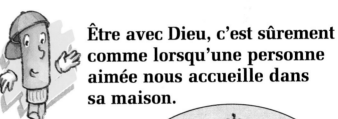

Être avec Dieu, c'est sûrement comme lorsqu'une personne aimée nous accueille dans sa maison.

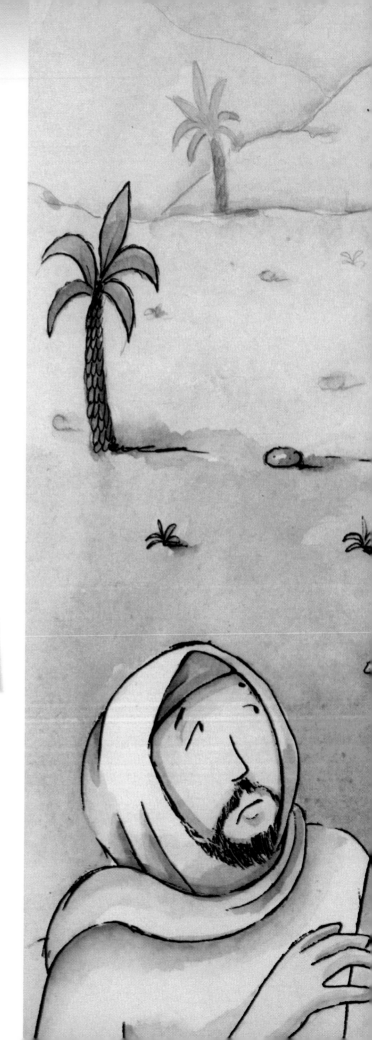

Jésus a été condamné à mourir sur une croix. Deux malfaiteurs ont été crucifiés en même temps que lui. Jésus a dit à un des malfaiteurs :

«Je te promets que, aujourd'hui, tu seras avec moi dans le Paradis.»

Les chrétiens et les chrétiennes disent que le Paradis c'est la maison du Père. Le Paradis, c'est un lieu où toutes les personnes seront heureuses d'être avec Dieu.

Jésus est mort. Il a été placé dans un tombeau. Ses amis avaient de la peine. Ils croyaient que tout était fini.

(D'après *Luc* 23, 39-43)

Quelles promesses Jésus a-t-il faites?

Ici, ailleurs, autrement

Voici d'autres façons de dire :
«La vie se transforme. Elle est plus
forte que la mort.»

Chogyam, le voisin de
Yen Meng, est bouddhiste.
Il croit qu'une personne
morte peut revivre dans
un autre corps. Ainsi,
elle pourra vivre une nouvelle vie
meilleure que la précédente.

**Cela s'appelle
la réincarnation.**

Les bouddhistes placent les photos
de leurs morts sur un petit autel.
Ils leur demandent de les protéger.

Akim est musulman.
Quand une personne meurt,
sa famille et ses amis prient
pour elle à la mosquée.

**Allah est le nom
que les musulmans
donnent à Dieu.**

Indira est hindouiste. Quand son frère est mort, Indira et sa famille ont prié pour lui. Ensuite, son frère a été incinéré; son corps a été brûlé.

Quelques jours plus tard, Indira a versé de l'eau dans un bol. Sa mère a préparé des boulettes de riz. Indira croit que cette nourriture aidera son frère à se préparer à vivre une nouvelle vie.

Les hindouistes croient que les morts se réincarnent.

Comme les autres Amérindiens, Nathaniel aime se souvenir de ses ancêtres. Nathaniel il croit lui aussi qu'il est important de faire de la Terre un lieu où il fait bon vivre.

Ses ancêtres sont des personnes de sa famille qui ont vécu il y a longtemps. Ils appellent l'Esprit du bien «Manitou».

Une présence nouvelle

La famille de Yen Meng est chrétienne.

Les parents et les amis de son grand-père sont réunis à l'église. À un moment, le prêtre raconte la résurrection de Jésus.

Jésus ressuscité est présent aujourd'hui encore. Jésus est toujours vivant, mais d'une autre façon.

Jésus était mort depuis deux jours. Une de ses amies, Marie de Magdala, est retournée au tombeau. Elle avait de la peine et elle pleurait.

Mais le tombeau était ouvert! Marie est entrée dans le tombeau. Des anges ont dit à Marie :
— Jésus n'est plus ici.

Marie est ressortie. Un homme lui a demandé :
— Pourquoi pleures-tu?

Marie a répondu :
— Quelqu'un a volé le corps de Jésus.

L'homme a dit :
— Marie, regarde-moi!

Marie a regardé l'homme et
elle s'est écriée :
— Jésus, tu es vivant!

Jésus a déclaré :
— Va dire à mes amis que je suis
ressuscité.

Marie était folle de joie. Elle a couru
annoncer la bonne nouvelle.

(D'après *Jean* 20, 11-18)

Plus tard, le prêtre dit :
«**Rassemble-nous un jour près de toi
pour la grande fête du ciel dans ton
Royaume.**»

(D'après la *Prière eucharistique
pour assemblées d'enfants II*)

Grand-père, tu es avec Dieu.
J'espère que tu es heureux dans
la maison de Dieu.

L'espérance, c'est comme le souvenir d'une caresse

Quelqu'un lit un passage d'une lettre de Paul, un ami de Jésus.

«Nous croyons que Jésus est mort,
et que Dieu l'a ressuscité.
Quand nous serons morts,
Dieu nous ressuscitera, nous aussi,
comme il l'a fait pour Jésus.
Dieu nous emmènera dans sa maison.
Nous serons toujours vivants.
Nous serons toujours avec Dieu
dans une joie parfaite.»

(D'après *1 Thessaloniciens* 4, 14-17)

Redis dans tes mots ce que Paul, l'ami de Jésus, a écrit.

Pâques approche

Pâques, c'est la fête de Jésus ressuscité. Les chrétiens et les chrétiennes disent :

> Jésus,
> tu es toujours vivant.
> Jésus,
> tu es présent parmi nous.
> Ta résurrection nous rend
> heureux et heureuses.
> Nous savons que la vie continue
> dans un autre lieu
> et d'une autre façon.
> Nous savons que, nous aussi,
> nous ressusciterons.
> Nous savons que la vie est
> plus forte que la mort!

Pense aux personnes qui t'aiment et que tu aimes. Est-ce que tu désires que votre amour dure toujours?

Si tu le veux, confie ton désir à Dieu.

Grand-père, je t'aime et je sais que tu m'aimes encore.

Grand-père, un jour nous nous retrouverons.

Grand-père, veille sur moi, en attendant.

Mes trouvailles

Jésus a fait des promesses à ses amis.

D'autres traditions religieuses croient aussi que la vie est plus forte que la mort.

Jésus est mort sur la croix. Au matin de Pâques, Marie de Magdala a découvert le tombeau de Jésus vide.

Paul a encouragé les chrétiens et les chrétiennes de Thessalonique.

Pour nourrir ses liens

PRÉSENTATION • ACTIVITÉ 1

Des repas nourrissants

Les repas nourrissent le corps. Le corps prend des forces.
Les repas nourrissent aussi les liens entre les personnes qui les partagent.

J'ai le choix.

Une occasion de partager avec ma famille ce que j'ai fait dans ma journée.

Chacun et chacune participent à la fête. J'ai apporté un mets que l'on prépare à l'occasion des grandes fêtes dans mon pays d'origine.

Pense à un repas que tu as pris avec ta famille ou tes amis et amies de la classe. Qu'est-ce qui pourrait te faire dire : «C'était bon de prendre ce repas»?

Le dernier repas de Jésus

La veille de sa mort, Jésus a rassemblé ses amis une dernière fois.

Jésus mangeait avec ses amis. Ensemble, ils se rappelaient de bons moments.

Ensemble, ils ont pris le repas de la pâque.

La pâque était la plus grande fête des juifs. À cette occasion, ils prenaient un repas spécial. Ce repas rappelait le jour où Dieu avait libéré le peuple hébreu de l'esclavage en Égypte.

Jésus a partagé le repas de la pâque avec ses amis. Ensemble, ils ont remercié Dieu pour la nourriture reçue.

Puis, Jésus a dit : «Prenez et mangez ce pain. Ceci est mon corps. Buvez ce vin, ceci est mon sang.»

Jésus a ajouté : «Je boirai à nouveau du vin avec vous quand nous serons réunis dans le Royaume de Dieu, mon Père.»

 **Cela voulait dire : «Je vais mourir. Dieu va me ressusciter. Nous serons rassemblés à nouveau.»**

 Raconte le dernier repas de Jésus avec ses amis.

Des gestes et des paroles renouvelés : l'eucharistie

Les quatre amis participent à une eucharistie.

Tu sais sans doute des choses au sujet de l'eucharistie.

Les premières chrétiennes et les premiers chrétiens se rassemblaient. Ensemble, ils prenaient le repas. Ils se souvenaient des paroles et des gestes de Jésus.

Il paraît que l'eucharistie s'appelle aussi le repas du Seigneur.

Mon père, lui, appelle cela la messe.

Aujourd'hui encore, les chrétiennes et les chrétiens partagent le repas. Ils font ce que Jésus a fait avec ses amis.

Les chrétiennes et les chrétiens nourrissent les liens qui les unissent entre eux. Ils partagent leurs joies et leurs difficultés. Ils pensent à tous les chrétiens et chrétiennes du monde.

C'est bon d'être ensemble!

Les chrétiennes et les chrétiens ravivent leurs forces.
L'eucharistie les aide à aimer comme Jésus a aimé.
L'eucharistie les aide à tenir bon devant les difficultés.

Les chrétiennes et les chrétiens écoutent la Parole de Dieu.

Ensuite, Jésus a invité ses amis : «Faites cela en souvenir de moi.»

(D'après *Luc* 22, 19)

Ils se rappellent la mort et la résurrection de Jésus.

«Ceci est mon corps.
Ceci est mon sang.»

(D'après *Luc* 22, 19)

Jésus voulait dire : «Quand je serai parti, prenez ensemble ce repas. Il vous aidera à vous refaire des forces. Il nourrira les liens qui vous unissent. Il vous aidera à aimer comme j'ai aimé.»

Ils partagent le pain et le vin comme Jésus à son dernier repas.

**Les chrétiens et les chrétiennes partagent le pain.
Ce geste leur rappelle la présence de Jésus parmi eux.**

Pour les chrétiens et les chrétiennes, l'eucharistie ravive leurs forces qui les réunissent à Dieu.

Sois loué, Dieu, pour la Terre et les êtres humains qui l'habitent.

Sois loué pour la vie qui nous vient de toi.

Merci, Dieu notre Père, de nous avoir donné Jésus, ton fils.

Merci de prendre soin des êtres humains comme un Père qui se soucie de ses enfants.

Complète la phrase suivante : Pour les chrétiens et les chrétiennes l'eucharistie, c'est…

Ici, ailleurs, autrement

Je m'appelle Tahani. Je suis musulmane. Durant le mois du ramadan, les personnes qui ont plus de 10 ans jeûnent entre le lever et le coucher du soleil.

Jeûner, cela veut dire : ne pas manger et ne pas boire.

Les personnes jeûnent pour mieux comprendre les pauvres qui n'ont rien à manger. Les grandes personnes se rappellent aussi qu'elles ont besoin d'Allah pour vivre. Les aliments gardent le corps bien vivant. Les liens avec Allah gardent le cœur bien vivant.

Quand le soleil est couché, nous sommes contents de nous retrouver autour de la table. Des parents et des amis viennent partager notre repas. C'est une fête!

La synagogue est le lieu de prière des gens de religion juive.

Sarah et Samuel sont de religion juive. Lors de la fête de la pâque, ils vont prier à la synagogue.

Sarah, Samuel et leur famille reviennent ensuite à la maison. Ils se réunissent autour d'un beau chandelier à sept branches. Ils allument les chandelles l'une après l'autre et prient ensemble.

Ensuite, le père bénit la nourriture que la famille va manger.

La nourriture est bonne. Sarah, Samuel et tous les membres de la famille remercient Dieu pour ses bontés.

Un secret bien gardé

Marthe est la responsable de l'animation pastorale de l'école.

Avec les élèves de deuxième primaire, elle prépare en secret une surprise pour Sylvia.

Marthe invite Sylvia et ses élèves à une visite de l'église de leur paroisse, et là...

Surprise!

Les élèves et Marthe ont préparé un poème pour Sylvia.

Joyeux anniversaire, Sylvia!

Au début de l'année,
tu ne nous connaissais pas,
nous ne te connaissions pas.

Tu nous as rassemblés.
Tu nous as aidés à tisser des liens
serrés entre nous.

Tu nous as parlé,
écoutés,
encouragés,
consolés.

Des fois, tu nous as chicanés.
Tu étais fâchée.
Nous avons boudé.
Nous nous sommes pardonné.
Nos liens se sont resserrés.

Bientôt, ce sera la fin de l'année.
Nous ne t'oublierons pas.
Dans nos cœurs gais
nous penserons : «Nous l'aimions
bien, Sylvia.»

Pour garder nos liens,
entretenir nos liens,
nourrir nos liens,
nous t'offrons ce goûter d'anniversaire.

Un moment important

Une peinture attire l'attention des élèves de la classe de Sylvia. Cette peinture illustre la dernière Cène. Tahani demande : «Qu'est-ce que représente cette image?»

La Cène, c'est le dernier repas de Jésus avec ses amis.

Marthe explique que les chrétiens et les chrétiennes aiment représenter dans leur église le dernier repas de Jésus avec ses amis. Cela leur rappelle un événement important de la vie de Jésus.

Que font les chrétiens et les chrétiennes à l'église?

Que répondrais-tu à Tahani?

Mes trouvailles

Les repas.

Les chrétiens et les chrétiennes se rassemblent pour prendre des repas. Jésus a fait la même chose avec ses amis.

Jésus a pris des repas avec ses amis.

Les chrétiens et les chrétiennes se rassemblent à l'église.

Que font les chrétiens et les chrétiennes à l'eucharistie?

Dans les différentes religions, les personnes nourrissent leurs liens au cours de repas.